C000134778

www.tredition.de

Daniela Streitenberger

***

MUT ZUM LEBEN

Die Geschichte einer Essstörung

www.tredition.de

© 2019 Daniela Streitenberger

Verlag und Druck: tredition GmbH, Halenreie 40-44, 22359 Hamburg

ISBN
Paperback: 978-3-7497-9059-3
Hardcover: 978-3-7497-9060-9
e-Book: 978-3-7497-9061-6

INHALTSANGABE

VORWORT

Auf den nachfolgenden Seiten werden Sie die Geschichte einer Essstörung lesen.

Es ist meine Geschichte. Mein Leben war einer Erkrankung gewidmet, die mich in eine Spirale des langsamen Sterbens getrieben hatte und schließlich fast siegreich gewesen wäre.

Eine Erkrankung, die in der heutigen Gesellschaft sehr viele junge Mädchen, Frauen und mittlerweile auch Männer betrifft. Aussehen, Image und Leistungsdruck in den unterschiedlichsten Bereichen sind ihre Triebkräfte. Perfektion ist ihr Markenzeichen. Und es ist nie genug.

In vielen verschiedenen Ausprägungen sucht sie sich Einlass, um die Betroffenen meist ein Leben lang anzutreiben. Am Ende tödlich.

Dennoch ist es möglich aus der Teufelsspirale einer Essstörung zu entkommen und wieder ein gesundes Leben zu führen. Dies möchte ich in diesem Buch zeigen und vielleicht dem/der ein oder anderen Leser/in eine Anregung für Ihren eigenen Weg geben.

Herzlichen Dank und viel Inspiration beim Lesen.

KAPITEL 1

EINE LEBENSGEFÄHRLICHE FREUNDSCHAFT

Wie alles begann.......

Ein Mädchen. 14 Jahre. Eigentlich noch ein Kind. Sie steht vor der Toilette und bemüht sich mit dem Finger im Hals das gerade Gegessene wieder zu erbrechen. Warum? Weil sie sich zu dick findet. Der BMI ist im normalgewichtigen Bereich.

So hat es angefangen mit unserer Freundschaft. Ich kann nicht mehr sagen, was der eigentliche Auslöser war, bzw. wer oder was mich auf die „Idee" gebracht hat, einer Stimme wie dieser zu folgen. Wahrscheinlich spielten mehrere Faktoren eine Rolle, wie Medien, die ersten Anfänge der Pubertät und negative Erfahrungen innerhalb der Familie. All das zusammen brachte mein Selbst gewaltig ins Wanken und genau an diesem Punkt fand ich Halt in der Essstörung, die mir jeden Tag mehr mit Rat und Tat zur Seite stand. Plötzlich hatte ich ein Ziel, das ich verfolgen konnte und das Beste daran war die Kontrolle. Ich hatte es in der Hand. Mein Körper gehorchte mir.

Alles super. Alles perfekt. Was will ich mehr? Für immer schlank, ich kann essen was ich will und alle lieben mich.

Ohne es zu merken fokussierten sich meine Gedanken immer mehr auf das Thema Essen, Gewichtsreduktion und abführende Maß-nahmen. Die Essstörung zog bei mir ein und drängte alles beiseite was ihrem Ziel im Weg stand.

Ich bin 14 Jahre alt.
Konfirmation
(April 2002)

Die Jahre vergehen

Heimlichkeit. Dieses Wort wurde mein zweiter Vorname. Denn Essen zu erbrechen gehört nicht zu den Verhaltensweisen, die in der Gesellschaft als normal gelten. Gottseidank. Geschweige denn vorher Unmengen an Nahrungsmitteln zu sich zu nehmen. Auch der Gebrauch von rezeptfreien Abführmitteln ist in der Überdosis nicht so leicht zu rechtfertigen. In der Apotheke besorgte ich diese natürlich immer für meine "Oma".

Das Verheimlichen galt hier vor allem meiner Mutter, denn es wäre undenkbar gewesen, wenn sie mich bei meinen Aktivitäten auch noch erwischt hätte. Gemerkt hat sie es sowieso, nur habe ich das wohl aus meiner Wahrnehmung verdrängt, sonst hätte die Essstörung vermutlich andere Wege gefunden.

Je älter ich wurde, desto mehr Möglichkeiten hatte ich auch mit meiner Freundin zu agieren. Das heißt mehr Geld, eigenes Zimmer mit Bad, Haustürschlüssel, mehr Freizeit.

Besser kann´s nicht laufen. Für mich bedeutete das: Großeinkauf. Alles was das Herz begehrt. Und auch alles was sonst „Verboten" ist. Manchmal fiel mir schon auf, dass die Verkäuferin fragend auf das Förderband blickte, doch das war mir egal.

Der Essanfall war das Beste des ganzen Tages. Bereits beim Verlassen des Ladens oder manchmal auch schon im Supermarkt selbst, öffnete ich die erste Tafel Schokolade. Sucht! Für mich ganz normal. Morgen kann ich`s ja wieder anders machen. Bis mein Magen zum Platzen gefüllt war, aß ich die Tüten leer. Zweiter Schritt, der mittlerweile gewohnte Gang zur Toilette. Zu Beginn hat es sehr lange gedauert, bis ich überhaupt etwas von dem Nahrungsbrei wieder nach draußen befördern konnte. Aber mit der Zeit wurde es einfacher. Ein leichter Druck unterhalb des Brustbeins (manchmal nicht mal mehr das) und eine vornübergebeugte Haltung genügten.

Da eventuell auch einige Betroffene diese Zeilen lesen, möchte ich noch eine Sache anmerken: Ihr wisst mit Sicherheit auch einige Tricks, doch soll dieses Buch einen Weg aus der Erkrankung zeigen und sie nicht fördern. Also kann ich euch nur bitten, dass ihr die Ausführungen in diesem Buch nicht für die Essstörung nutzt. Gebraucht sie für einen anderen Blickwinkel.

Die Essanfälle wurden mehr, genauso wie die Zeit, die ich dafür opferte und andere Dinge blieben auf der Strecke. Es dauert lang bis drei, vier Einkaufstüten aufgegessen sind,

der Magen wieder leer ist und das Bad blitz-
blank geputzt ist, damit kein Verdacht ent-
steht. Da musste ich des Öfteren Familien-
einladungen absagen, Telefonate kurzhalten
oder ein Treffen verschieben.

Nun ist die Frage berechtigt, wie ein Mensch
das auf Dauer aushält. Zum einen kann unser
Körper eine Menge kompensieren und verdrängen. Zum anderen war die Bulimie bei
mir phasenabhängig. Stress und Druck, be-
sondere Lebensumstände oder strukturferne
Situationen bedingten die Stärke der Essstörung positiv. Beispielsweise das Abitur, die
Examensprüfung, Arbeits- und Wohnungs-
wechsel, boten einen willkommenen Boden.
Ich schreibe daher immer wieder ganz bewusst „Freundin", da sie mir in diesen Situationen immer zuverlässigen Halt gegeben
hat, sodass mich Ängste nicht überrollen
konnten. Ich aß sie einfach weg und übergab
sie dann der Toilette.

Das klingt einfach. Ist es aber nicht, denn das
gemeine daran ist, die schlechten Gefühle
kommen wieder und dann noch viel stärker.
Aushalten geht nicht, Kotzen (Entschuldigung für diesen Ausdruck, aber er trifft den
Kern der Sache oft ganz gut), schafft kurze
Erleichterung. Folge: Teufelskreis.

Eine weitere Möglichkeit unangenehme Situationen zunächst verschwinden zu lassen, ist

das Hungern. Natürlich gehört dazu, im Gegensatz zum eher einfacheren Ess-Brech-Verhalten, eine enorm hohe Disziplin. Anfangs jedenfalls, denn nach einer gewissen Zeit gewöhnt sich der Körper an den Zustand. Besser noch, er produziert sogar Hormone, die Glücksgefühle wachrufen. Genial. Anehmen und glücklich sein. Die perfekte Überschrift fürs Titelblatt. Doch leider hört das wieder auf und dann steht der Körper vor der Entscheidung, wieder normal essen, denn essen macht mich zufrieden, oder weiter Hungern, diesmal aber mit noch mehr Disziplin. Meine Wahlen fielen unterschiedlich aus, denn wie gesagt habe ich schon einige Jahre diesen Rucksack getragen. Das Wort „Wahl" bedeutet hier keine eigene bewusste Entscheidung.

Das einfachste und häufigste war Essen und Brechen, denn so behielt ich mein Gewicht. Klar, gefielen mir die geschwollenen Ohrspeicheldrüsen („Hamsterbacken") nicht besonders, aber so schlimm war das nicht. Nach einer anderen Hungerphase fiel die Wahl auf die sogenannte Binge-Eating-Störung = Essanfall ohne Erbrechen. Gegenmaßnahmen um den „Dreck" loszuwerden: Exzessives, stundenlanges Duschen. Nachteil: Gewichtszunahme. Schrecklich. Die Stimme der Essstörung rebellierte, ich müsse abnehmen und zwar radikal. Da ich das nicht konnte, denn der neue Kreislauf hatte mich schon gut im Griff, schleuderte sie mir Schuldgedanken und schlechtes Gewissen entgegen. Das Resultat ist ziemlich eindeutig, ich versank innerlich in Depression. Das heißt, sowohl innerlich, als auch äußerlich wenig Bewegung und negative Gedanken setzten sich fest.

Das Gegenteil dazu war die dritte Wahlmöglichkeit: Hungern, weiter Hungern und Sport. Sport heißt in meinem Fall Bewegung bis zum Umfallen und keine Minute Stillstehen. Vor allem die ketogene Ernährung war mir hier von Nutzen. Später gehe ich etwas näher auf diese Phase ein.

KAPITEL 2

DIE ANDERE SEITE DER MEDAILLE

Körperliche Auswirkungen

Wie bereits erwähnt, kann der menschliche Körper viel kompensieren und auch verdrängen. Diese Mechanismen können für sehr lange Zeit aufrechterhalten werden. Die Stimme der Essstörung trägt ihren Teil dazu bei, indem sie beispielsweise Magenschmerzen, Halskratzen oder Kreislaufprobleme gekonnt übersieht, bzw. mit dem Satz „morgen ist alles wieder weg", einfach ad acta legt. Funktioniert bis zu einem gewissen Grad ganz gut. Doch kommt früher oder später der Punkt, an dem die Kontrolle, um die es ja ständig geht, einfach wegbricht. So sehr ich mich auch anstrengte, mein Körper machte was er wollte. Klar, über 10 Jahre fasten, (fr)essen, brechen und totlaufen im Wechsel, in den unterschiedlichsten Kombinationen und Ausprägungen bleiben im Körpergedächtnis bestehen.

In der nachfolgenden Tabelle habe ich einige körperliche und psychische Anzeichen, die sich bei mir manifestierten, aufgezählt. Des Weiteren zeigt die Abbildung sowohl die Stimme der Essstörung zu den jeweiligen Symptomen, als auch die Gefahr, die durch die jeweilige Ausprägung entstehen kann.

Körperliche/ psychische Anzeichen	Stimme der Essstörung	(Lebens-)Gefahr
Amenorrhoe ausbleibende Menstruation	„Gar nicht mal so schlecht. Nicht jeden Monat dieses eklige Zeug. Und außerdem willst du sowieso keine Frau sein."	Kinderwunsch?
Kein Fettgewebe	„Super."	Der Körper braucht Energie. Ohne Fettgewebe holt er sich die Energie aus anderen Körpergeweben.
Rückgang der Großhirnrinde	Kein Kommentar.	Konzentrationsschwierigkeiten. Demenz.

Körperliche/ psychische Anzeichen	Stimme der Esstörung	(Lebens-) Gefahr
Muskelabbau trotz Training	„Macht nichts. Da wirst du noch leichter"	Die körperliche Leistungsfähigkeit sinkt.
Magenschmerzen	„Ist morgen wieder weg. Hauptsache du hast alles rauskotzen können."	Ulcus und Magendurchbruch
Haarausfall	„Manches hat eben seinen Preis."	Das ist ein oberflächliches Anzeichen eines starken Nährstoff- und Elektrolytmangels. Organschäden.
Kreislaufprobleme	„Gleich wieder vorbei."	Herzrhythmusstörungen
Insulinschwankungen	„Brauchst du nicht beachten"	Diabetes mellitus
Schmerzempfindliche Zähne	„Ignorieren"	Irrevesible Zahnschäden
Antriebslosigkeit	„Merk ich gar nicht"	Depression
Schlafstörungen	Verbraucht Kalorien"	Burn Out
Permanenter Bewegungsdrang	„Du bist top fit. Weiter so"	Burn Out

Diese und noch weitere Signale überhörte ich dauerhaft. Im Lauf der Jahre wurden sie immer deutlicher und schwieriger zu unterdrücken, doch für meine beste Freundin zahlte ich jeden Preis. Meine Mutter bemerkte einmal dies: „Du würdest sogar eine Dialyse in Kauf nehmen, nur um weiterhin abzunehmen"

(Eine Dialyse ersetzt zu 16% mechanisch die Funktion der Nieren, wenn die Körpereigenen kaputt sind. Hierbei muss man mehrmals die Woche für 4-5 Stunden über das Blutkreislaufsystem an ein Gerät angeschlossen werden.)

Ja. Sie hatte Recht. Zu diesem Zeitpunkt war ich bereits so sehr an die Essstörung gebunden, dass selbst das mir egal war.

Soziales Netzwerk

Mein soziales Umfeld litt genauso unter der Erkrankung, wie ich selbst. Das konnte ich damals nicht so sehen. Mit meiner eigenen Welt tagaus und tagein beschäftigt, dachte ich oft nicht an die anderen. Es war für mich eine Höchstanstrengung, wenn ich zu Familienfesten eingeladen war, oder ein Treffen mit Freunden vereinbart hatte. Die Nahrungsmittelverbote, sowie die strengen Portionsvorgaben konnte ich für mich alleine gut einhalten, aber in der Öffentlichkeit die ständigen Blicke und Kommentare zu ertragen waren anfänglich unerträglich. DRUCK! Folge: Normal essen, heimlich noch mehr essen und kotzen. Bekannter Mechanismus, der funktionierte. Und diesen hatte ich so gut perfektioniert, dass er den anderen - glaube ich zumindest – gar nicht auffiel. Für alle anderen Fälle hatte ich gut Ausreden.

Kategorie 1:
„Du bist zu dünn."

„Wird schon wieder anders."
Oder: „Ich habe viel Arbeit im Moment"

Kategorie 2:
„Du kannst aber viel essen."

„Ich habe einen guten Stoffwechsel"

Kategorie 3:
„Warum isst du nur Salat?"

„Ich achte auf meine Gesundheit"

Letzteres kann ich beliebig in meine verschiedenen Ernährungsphasen umwandeln. Meist war es mir sogar eine Freude anderen gesunde Wege beizubringen und war stolz, als positives Beispiel voranzugehen. Denn ich stand zu 100% hinter dem, was ich tat.

Nichtsdestotrotz basierte alles auf einer Lüge, die immer darauf bedacht war die Essstörung zu schützen. Sie war mein Motor, der meine Kreativität dazu antrieb, Heimlichkeit und letzten Endes Selbstverleugnung dauerhaft zu praktizieren.

Freundschaften zu knüpfen und neue Leute kennenzulernen fiel mir nie wirklich schwer. Auch gab es in meinem Leben Partnerschaften. Nach außen hin wäre niemand auf die Idee gekommen, dass ich an einer ernstzunehmenden Essstörung leide. Klar, meine engsten Familienmitglieder wussten davon. Aber was sollten sie schon machen?

Meine Mama

Eigentlich hätte diese Frau ein eigenes Buch verdient.

In diesem Kontext möchte ich darüberschreiben, was sie innerhalb der Erkrankung mit mir erlebt hat. Zunächst ist deutlich zu machen, dass ich mir während der Essstörung nicht im Geringsten darüber im Klaren war, welche Auswirkungen mein Verhalten auch auf sie hatte. Meine Mutter war und ist meine engste Bezugsperson und somit auch komplett mit involviert gewesen. Ihre dauerhafte Sorge habe ich nicht bemerkt. Wie auch? Ich war ja nicht krank. Die Ratschläge, Bemerkungen, „Sanktionen", gingen wie es so schön heißt, zum einen Ohr rein und zum anderen wieder raus. Irgendwann wurde auch sie coabhängig, denn sein eigenes Kind von außen leiden zu sehen ist wohl für jede Mutter das Schlimmste auf der Welt. Dazu noch machtlos dabei zu zusehen, wie es sich bewusst herunterhungert und Essen erbricht, das ist eine massive seelische und körperliche Belastung. So pendelte ich zwischen Schuldgefühlen meiner Mutter gegenüber und den Anforderungen der Essstörung hin und her, dass es mich gefühlt fast innerlich zerriss. Sieger war nach wie vor immer die Letztere. Die Frage, wie sie es schaffen könnte, mich davon endlich zu befreien, blieb unbeantwortet. Es geht nicht von außen, wenn die innere Bereitschaft fehlt. Alle Kraft der Welt, jede schlaflose Nacht, all das war vergebene Liebesmüh. Zwar konnte sie sich durch Arbeit ablenken aber die Grundsorge war permanent da. Und das geht auf Dauer an die Substanz. Oft hörte ich von Außenstehenden den Satz: „Was machst du nur mit deiner Mutter? Du kannst sie doch nicht so krank machen!" Zu meiner Verteidigung muss ich sagen, es war mir nicht anders möglich. Trotz der Schuldgefühle, die mich manchmal schier erdrückten, steckte keine bewusste Absicht hinter meinem Verhalten. Und das tut es bei keiner erkrankten Person, die so tief in den Verhaltensmustern steckt. Eine Entschuldigung ist das freilich nicht, aber vielleicht eine Erklärung für die Machtlosigkeit und das dauerhafte Weiterverfolgen der Sucht.

Beruf

Mein Beruf ist Physiotherapeutin. Ein sehr schöner Beruf, den ich schon seit meinem 12. Lebensjahr erlernen wollte. Es liegt mir am Herzen, Menschen helfen zu dürfen und mit dieser Ausbildung kann ich das auch tun.

Gäbe es da nicht die Essstörung. Irgendwann verwechselte ich die Physiotherapie damit, körperlich fit, schlank und auf Höchstleistung zu funktionieren. Sowohl ich, als auch folglich meine Patienten, wurden getrieben diesem Ideal zu entsprechen. Das klingt nun so, als wäre ich als „Feldwebel" unterwegs gewesen. Ganz so drastisch war es nach außen hin natürlich nicht, aber in meinem Innern tobte ebendieser schon ziemlich lange und immer lauter. Da bleibt es irgendwann nicht aus, dass derartige Verhaltensweisen auch auf andere übertragen werden.

Dick sein = Inakzeptabel

Unsportlichkeit = Inakzeptabel

Spaß haben und Lachen = Unverständlich

Fehler machen = Inakzeptabel

Diese Dogmen waren in mein Gehirn eingebrannt. Nach außen hin konnte ich schon verständnisvoll und nachsichtig sein, aber wirklich ehrlich habe ich das nicht gemeint. Auch wenn jemand lachte oder andere Gefühle, wie Trauer zeigte, konnte ich damit nichts anfangen. Innerlich war ich tot. Empathie war für mich zum Fremdwort geworden.

Meine Behandlungen wurden zu meinem persönlichen „Fitnessprogramm". Massagen waren immer willkommen. Dabei konnte ich mich Bewegen und verbrannte Kalorien. Handschmerzen ignorierte ich. Stillstand an der Behandlungsbank und ruhige Therapien, welche einst zu meinen Liebsten und Erfolgreichsten gehörten, waren mittlerweile unerträglich. Den Menschen, der vor mir lag, nahm ich teilweise gar nicht mehr wahr. Was dieser erzählte interessierte mich oder besser gesagt die Essstörung überhaupt nicht.

Ebenfalls hier in meinem Beruf musste ich das Spiel der perfekten Fassade spielen. Außen passte alles wunderbar aber innerlich war ich tot.

Ersatzstoffe

Wie alle anderen Süchte ist die Ess-Brech-Sucht (Bulimie) oder die Magersucht (Anorexie) oder die Esssucht (Binge Eating) eine „Deckelungsmaßnahme". Diesen Begriff wähle ich deshalb, weil es der Versuch ist Gefühle, negative Erlebnisse und schlechte Gedanken zu überdecken bzw. auszulöschen. Das ist jedoch nicht möglich und somit braucht der Körper immer mehr. Der Gewöhnungseffekt lässt das Versteckte dann wieder an die Oberfläche steigen. Folglich will die Sucht mehr Stoff, um zu überleben. Mehr Essen. Mehr Brechen. Weniger Essen. Mehr Sport und so weiter.

Zu den Ersatz- oder besser gesagt Zusatzdrogen zählte ich bei mir Zigaretten und Alkohol. Zwischen meinem 16. und 29. Lebensjahr waren Partys eine willkommene Gelegenheit mich durch alkoholische Rauschzustände vom ständigen Druck zu befreien. „Heute ist mir alles egal. Heute lasse ich den Alltag hinter mir." Mehr als einmal geschahen peinliche „Trinkgeschichten", über die wir heute im Freundeskreis natürlich lachen, aber eigentlich waren sie für mich schädlich.

Bis 2016 gehörten auch Zigaretten zu meinem täglichen Repertoire und während der Examenszeit fand auch der ein oder andere Joint   Einlass.
„Das ist doch ganz normal in dem Alter." Jeder war schon einmal betrunken, viele mit Sicherheit schon mehrfach und Raucher gibt es eine Vielzahl. Ich gebe hierzu auch keinerlei Urteil ab, sondern spreche aus meiner persönlichen Erfahrung. Im Zusammenhang mit der Essstörung erwähne ich es deshalb, weil diese bei mir dadurch gefördert wurde.

„Lieber eine Rauchen, als Mittagessen"

„Wodka und Weißwein. Hat wenig Kohlenhydrate und danach geht`s mir gut."

Und ohne es zu merken, wurden diese Suchtmittel ein mehr oder weniger fester Bestandteil meines Alltags.

„Shopping"

Ein Begriff, der bei den meisten Frauen und auch manchen Männern Glücksgefühle hervorruft. In den Läden nach modischen Oberteilen, schicken Hosen und dem ein oder anderen Accessoire stöbern, sich in der Umkleidekabine damit betrachten und eventuell einige Stücke davon an die Kasse tragen, um dann die neuen Errungenschaften zu Hause in den Kleiderschrank zu sortieren.

Das macht richtig Freude, oder nicht?

Ja, wären da nicht diese Gedanken, die schon beim Griff zum roten T-Shirt anfangen ihre Kommentare beizutragen:

„Nimm die kleinere Größe, die hat bisher auch gepasst."

„Mit XS brauchst du gar nicht anfangen, du bist viel zu dick dafür geworden."

„Hoffentlich passt dir die Größe M nicht, das wäre schon ziemlich viel."

Diese und noch weitere angreifenden und angstmachenden Gedanken ratterten mir durch den Kopf, während ich durch die Kleiderständer ging.

Trotz alledem fand ich einige passende Teile, manche in doppelter Ausführung mit verschiedenen Größen und ging damit in die

Umkleidekabine. Vor dem Spiegel gingen natürlich die Gedanken weiter:

„Das habe ich dir gleich gesagt, dass die Hose in 36 nicht mehr passt."

„Aber weißt du was, nimm sie mit und du wirst sehen nach ein paar Tagen strenger Diät wird sie dir wieder passen."

In meinem Kopf sammelten sich Selbsterniedrigung, Unzufriedenheit und viel zu hohe, unrealistische Ideale. Ohne es zu bemerken, reagierte ich darauf mit entsprechenden Taten.

Das „Shoppen" wurde zum „Kontrollierkaufen" und machte natürlich auch keine Freude mehr. Im Gegenteil sogar immer mehr Angst, sodass ich die Kleidungsgeschäfte selten bis gar nicht mehr aufsuchte.

Einkaufen

Das Einkaufen gehörte zu meinen Lieblingsbeschäftigungen. Die Lebensmittel in den Regalen nach „gut" und „schlecht" beurteilen, die besten Käsesorten mit null Kohlenhydraten herausfinden und mich stark fühlen, die Schokolade nur angesehen zu haben. Logischerweise führte dieses Verhalten zu enormem Druck, denn Verbote fordern irgendwann und in irgendeiner Weise ihren

Tribut. Irrationale Essanfälle mit anschließendem Erbrechen, mehrmals täglich. Teilweise einige Male hintereinander waren in den Hochphasen die Konsequenz.

Doch nicht nur das war ein Ausdruck dessen, dass mein Körper eigentlich nach Nahrung schrie. Auch kaufte ich Unmengen an gleichen Produkten, die zwar als „gut" befunden wurden, aber niemals verarbeitet, geschweige denn gegessen werden konnten. Das sogenannte Horten nahm seine Ausmaße an. Meine Wahrnehmung von dem was ich wirklich brauchte und in welcher Menge, war völlig verschoben.

So kam es dann, dass auch das Einkaufen zur Qual wurde, denn die Essstörung wurde immer schlimmer. Obwohl ich versuchte mir bewusst einen Einkaufsplan zu scheiben und meine Gerichte zu planen, saß ich nur mit Herzrasen und permanenten Entscheidungsschwierigkeiten vor dem leeren Notizzettel. Wie viel ist richtig? Welche Lebensmittel darf ich essen? Mein Kopf drohte zu zerspringen, denn auch das Internet, welches mir in den „besten" und „gesündesten" Diätfragen ein treuer Helfer war, spuckte nur noch wirre und unpassende Tipps aus.

Diese Angst breitete sich dann weiter im Supermarkt aus und ich stand gefühlte Ewigkeiten vor den Packungen, ohne eine produktive

Handlung zu vollringen. Soll ich? Soll ich nicht? Gut oder schlecht? Was passiert, wenn....? Was um mich herum geschah, nahm ich nicht wahr. Gesteuert.

Anstrengung pur. Jede Muskelfaser war unter Hochspannung. Als der Einkaufsmarathon dann endlich beendet war, lag im Korb nicht wirklich viel, aber ich hatte das Gefühl eine ganze Großfamilie versorgt zu haben.

Vorbilder

Die Essstörung ist eine Meisterin im Suchen und Finden von unrealistischen Idealen. In den meisten Fällen sind diese auf „perfekte", sportlich-fitte und ich nenne es einmal „vollfunktionsfähige" Körper bezogen. Erst einmal gefunden, beginnt sofort das Vergleichen oder auch das „Abchecken". Ein kompletter Bodyscan wird maßstabsgetreu in Bruchteilen von Sekunden durchgeführt und ehe ich mich versehe, sind die typischen Sätze wieder da:

„Sieh dir diese Frau an. Sie hat es geschafft. Mit Disziplin, die du nicht hast, hat sie einen perfekten Körper und alle lieben sie. Sie hat im Gegensatz zu dir keine Probleme."

„Sieh dich nur mal an wie du jetzt aussiehst. Wenn das so weitergeht, wird das schlimm enden."

„Wenn du wieder mit mir zusammenarbeitest, helfe ich dir, auch ein sorgenfreies Leben mit einem perfekten Körper zu haben."

Diese Stimme ist laut und es gelingt mir nicht immer ihr sofort Einhalt zu gebieten. Zumal sie sich nicht allein auf die Optik bezieht, sondern auch auf das Verhalten, die Werte und die Talente, die sich ihrer Meinung nach dahinter verbergen.

Perfekter Körper = sorgenfreies Leben, für immer geliebt, sündenfrei und schuldlos.

Das heißt, je mehr ich mich anstrengte, von außen einem Ideal zu entsprechen, desto besser sollte mein Innenleben werden. Eine Knochenarbeit, die nie enden wird, weil es der Essstörung nie perfekt genug ist. Immer höher, immer weiter. Dass ich mich dabei von dem versprochenem „Inneren Ziel" immer weiter entfernte, wurde gekonnt verdrängt.

Angst

Dieses Wort oder besser gesagt dieser Zustand ist der Treibstoff der Essstörung. Damit arbeitet sie und kann es so schlau verpacken, dass es ihr Wirt nicht einmal bewusst wahrnimmt. Und dieser wiederum tut alles, um den Anweisungen gerecht zu werden.

Angst vor dem Zunehmen.
Angst vor Nahrungsmitteln.
Angst vor zu großen Portionen.
Angst vor Fehlern.
Angst nicht „perfekt" zu sein.
Angst vor Krankheit.

In der weiteren Betrachtung ist es allerdings so, dass hinter der Angst, die die Essstörung schürt, etwas ganz anderes steckt:

Angst vor Liebesentzug.
Angst vor Fehlern.
Angst vor dem Alleinsein.
Angst davor entdeckt zu werden.
Angst vor Zurückweisung.
Angst vor der Stille.

Eigentlich stand ich unter Daueranspannung. Denn der innere Antreiber ließ mich nicht in Ruhe.

„Du musst ....., sonst....."

Diesen Satzbau konnte sie mit Vielem füllen:

„Du musst abnehmen,
sonst wirst du noch fetter und ekliger."

„Du musst besser werden,
sonst bist du ein Loser"

„Du musst einen perfekten Körper haben,
sonst wirst du keine Freunde haben."

„Du musst immer fitter werden,
sonst kannst du nie mit den andern mithalten."

„Du musst dich gesünder ernähren,
sonst wirst du deine Arbeit verlieren."

„Du musst auf mich hören,
sonst kannst du nicht leben."

Das war meine Normalität. Und die Reaktion darauf mein Alltag. Erfüllte ich die irrationalen Anforderungen, schenkte sie mir kurzweilige Glücksgefühle und Anerkennung. Nur gab es kein Ziel und somit lief ich weiter, im schneller werdenden Hamsterrad. War ich unkooperativ – und das kam des Öfteren vor -, waren Beschimpfungen die Folge. Mein Schuldkonto stieg permanent an. Einen Großteil trugen die Essanfälle dazu bei. Scham ohne Ende und zusätzlich ein schlechtes Gewissen, dass ich durch meine Heimlichkeiten mein ganzes Umfeld und letztlich mich selbst belog. Ich wusste beim besten Willen nicht, wie ich aus dieser

Maschinerie entkommen sollte. Bis auf meine einzige Freundin, die mir mit Rat und Tat zur Seite stand, konnte ich mich an niemanden ehrlich wenden. Brauchte ich auch nicht, denn trotz strengem Regime, half mir die Essstörung immer wieder weiter. So skurril es auch klingen mag. Also wählte ich immer wieder aufs Neue den permanenten Angstzustand als Treibstoff für mein Leben.

KAPITEL 3
DAS KARTENHAUS STÜRZT EIN

Der erste Crash

Tagesprogramm:
Mindestens 5,5 km schnelles Gehen
(einfacher Arbeitsweg),
ansonsten 11 km mit dem Rad zur Arbeit
und zurück.

6 Stunden in der Praxis, meistens im 20 Minutentakt, manuell arbeiten.

Frühstück, Mittag- und Abendessen strikt portioniert und nur bestimmte Lebensmittel.

Dazwischen die oft mehrmals täglichen Ess-Brech-Anfälle.

Circa ein dreiviertel Jahr hielt ich diese Tortour durch, bis ich wegen starken Nervenschmerzen in den Armen krankgeschrieben wurde. Die körperlich-seelische Verfassung war komplett im Keller, daher brachte auch der Wechsel in eine andere Arbeitsstelle keine Besserung mit sich. Diese war zwar traumhaft, aber wie bei allen Neuanfängen, zunächst mit Lernen, Stress und „ich will alles perfekt machen" verbunden. Druck, Druck, Druck. Nicht von außen, sondern von innen.

„Du musst alles sofort können."
„Schon wieder ein Fehler."
„Du kannst wirklich gar nichts."

Die Spirale in meinem Kopf wurde immer schneller und enger. Meine Gedanken kreisten in negativen Extremen und die schwache körperliche Konstitution tat ihr Übriges. Es kam wie es kommen musste:

17. Januar 2016.
Eine Überdosis Schaftabletten sollten mir endlich Ruhe in meinem Kopf verschaffen. Bis heute kann ich nicht sagen, ob es nur dieser Wunsch war oder ein bewusster Suizidversuch. Klar denken konnte ich jedenfalls zu diesem Zeitpunkt nicht mehr.

Aber sterben sollte ich offenbar noch nicht. Zu dieser Zeit waren mein Bruder und seine Frau zu Besuch und kamen in mein Zimmer, um nach mir zu sehen. Aus einem Impuls heraus und Gott sei Dank noch fähig zu sprechen, erzählte ich den beiden, was ich so eben getan hatte. Vor mir lag ein Zettel mit meinem „Testament". Mein Bruder reagierte schnell und rief die Rettung.

Es folgte ein Klinikaufenthalt in drei verschiedenen psychiatrischen Einrichtungen. Insgesamt ein halbes Jahr verging, bis ich seelisch und körperlich stabil war, um wieder arbeiten und meinen Alltag meistern zu können. Das war eine wertvolle Zeit, in der ich beschützt war und die Essstörung fernblieb. Doch die altbekannte Freundin hielt sich nur im Hintergrund versteckt. Bearbeitet habe ich die Erkrankung nicht.

Im Nachhinein gesehen galt dies auch für die jahrelange ambulante Therapie, sowie für einen sechsmonatigen Aufenthalt in einer psychosomatischen Klinik mit 15 Jahren. Die Essstörung wollte ihr zu Hause auf keinen Fall verlassen. Irgendwie wollte ich schon gesund werden, aber meine Freundin vor die Tür setzen, stand, wenn ich ehrlich bin, nie zur Auswahl. Somit waren alle bisherigen Therapien zwar gut gemeinte Unterstützungen und mit Sicherheit blieb über die Jahre auch einiges davon hängen, aber der eigentliche Erfolg blieb aus.

Zunächst langsam und leise, dann ziemlich schnell und laut, breitete sich die vertraute Stimme wieder in meinem Leben aus. Die Themen Abnehmen und (extrem) gesunde Ernährung hielten Einzug. Den Anfang machte die Rohkost. Eine Art und Weise sich gesund zu ernähren und mit Sicherheit auch eine bewährte Lebensform. Auf speziellen Internetseiten holte ich mir die nötigen Informationen und verbrachte schließlich jede freie Zeit vor dem PC. „Alles außer gekocht".

Klingt einfach, ist gesund und der Körper entgiftet. Ein gefundenes Fressen für die Essstörung. Bis zum Mittagessen gab es nur Wasser, dann 1-2 rohe Lebensmittel (z.B. 1 Ei und ½ Kohlkopf) und zum Abendessen einen rohen Fisch. Klingt sehr delikat und sättigt. Wie gesagt: Extrem! (und auch nicht 1:1 aus den Internetseitenentnommen). So dann auch die rasche Gewichtsabnahme.

Der damit verbundene Rückzug aus meinem sozialen Umfeld war klar. Meine Essstörung und ich. Nur wir beide und sonst keiner.

Der Winter kam und zum Glück schaltete sich mein gesunder Körperverstand ein, sodass ich wieder etwas mehr (auch Nicht-rohköstliche) Lebensmittel zu mir nahm. Aber der „Winterspeck" muss im Frühjahr natürlich wieder weg, sonst bin ich ja nicht lebensfähig (liebenswürdig). Die Essstörung hielt Ausschau nach effektiven Methoden. Und da war sie: Die ketogene Ernährung. Viel Fett, Eiweiß und wenig Kohlenhydrate. Der Körper schaltet vom Glucosestoffwechsel in den Fettstoffwechsel. Fazit: Rasche Gewichtsabnahme und Energie ohne Ende, weil die Nebennierenrinden auf Hochtouren laufen.

Ernährungswissenschaftler können diese Stoffwechselart sehr gut erklären. Anbei möchte ich noch bemerken, dass diese Ernährungsform durchaus für viele Menschen positiv ist und ich daher auch kein Urteil darüber abgeben möchte.

In Kombination mit der Essstörung war das natürlich wunderbar. Zumal auch mein Hungergefühl durch die Stoffwechselumstellung weg war. Es machte mir sehr viel Spaß neue Fett-Eiweiß Kombinationen ohne Kohlenhydrate auszuprobieren. Mein Mixer war in diesen Zeiten mein bester Freund. Die Kilos purzelten sehr schnell und meine körperliche Leistungsfähigkeit stieg stetig an. Da kommt doch niemand auf die Idee, dass das krankhaft ist, oder? Zunächst nicht, doch ich wurde immer festgefahrener und mein Körper gehorchte dieser einen Stimme, die immer lauter wurde. In der Hochphase ernährte ich mich fast ausschließlich von sehr viel Butter, trank aus Ölflaschen und aß geräucherten Lachs. Ob dies schmeckte, geschweige denn gesund war wurde außer Acht gelassen. Gesteuert von der einen Stimme, war mein Blick nur noch auf eines gerichtet: Abnehmen, fitter und muskulöser werden.

Nun ist es in diesem Stoffwechselmodus so, dass der Körper vermehrt Kortisol ausschüttet und Testosteron produziert. Folge: Ich war ständig in Hab-Acht-Stellung und permanent fluchtbereit. Auch war ich sehr leicht reizbar und aggressiv. Meistens nur innerlich, denn die liebe, brave Mädchenfassade war nicht so leicht zu durchbrechen. Doch mit der Zeit häuften sich die Wutausbrüche. Meist in Form von Autoaggression (mehr Sport, Kratzen oder Festes Drücken an Armen und Händen) oder Schreianfällen gegenüber meiner Mutter.

Auch der Schlafbedarf wird weniger. Was habe ich gemacht in den Nächten, in denen ich fit war wie am Tag? Ich konnte sie zum einen gut zum Lernen für eine intensive Fortbildung in der Physiotherapie nutzen. Zum anderen war ich ja richtig kräftig mittlerweile. Und so konnte ich auch sehr schwere Steinblöcke von A nach B schleppen, die für unsere Gartenmauer geliefert wurden. Das war das Beste. Nachts auch noch körperlich aktiv sein. Immer weiter so.

Insgesamt zwei Episoden gab es in dieser Ernährungsphase. Im Winter 2017 legte meine Freundin eine Pause ein, denn irgendwie musste ich ja doch meinen Arbeitsalltag überstehen und die 11km Fahrradweg bei Minustemperaturen durchhalten. Nach der Winterpause gings dann von vorne los und da noch viel heftiger, denn eine Steigerung gibt's immer.

Mein Körperbild, sofern ich das aus einer normalen Perspektive beurteilen kann, war mager, trainiert und unter Hochanspannung.

Und obwohl ich die Konzentrationsschwierigkeiten bemerkte, folgte ich dem vertrauten Weg weiter. Meine Gehirnfunktion war mittlerweile betroffen. Das wurde mir klar, als ich Rot und Grün verwechselte. Nicht nur einmal war der rote Ball grün, obwohl ich es eigentlich anders aussprechen wollte. Aber ich nahm es, wie so viel Anderes, in Kauf.

Vermeintlich ging es bis zu meinem 30. Lebensjahr einigermaßen gut, sodass ich trotz dieser und noch einiger anderer gesundheitlicher Warnzeichen weiterhin im Dienst der Sucht bleiben konnte. Aber irgendwann forderte mein Körper seinen Tribut.

Der zweite Crash

Tagesprogramm:

Täglich 11 km Arbeitsweg mit dem Rad

Hausbesuche mit dem Rad

Permanente Bewegung

Freizeit: Sport oder körperliches Arbeiten

Fast keine Kohlenhydrate

Wenig Schlaf.

Doch mittlerweile läuteten alle Alarmglocken. Ich war bis auf einen lebensbedrohlichen Gewichtsbereich heruntergehungert, den ich mit Bewegung und „Nicht"-, bzw. „Wenig – Essen", aufrechterhalten, oder wenn möglich noch weiter reduzieren musste. Haarausfall, jahrelang ausbleibende Periode, Rückgang der Großhirnrinde und extrem niedriger Puls, wären im Normalfall Grund genug gewesen Gegeninitiativen zu unternehmen. Doch die Essstörung ist stark. Verdrängung ist eines ihrer Stärken. Konzentrationsschwächen vor allem an meinem Arbeitsplatz, waren ebenso unwichtig, wie permanente Gereiztheit, die ich teilweise in ziemlich deutlicher Form verbal Preis gab. Aber auch dieser Hilfeschrei war noch nicht laut genug. Mir nahestehende wiesen mich mehrfach auf mein Äußeres und mein Verhalten hin. Bis zuletzt stellte ich mich dieser Sorge wehement entgegen.

17. September 2018
Nach einem neuneinhalb stündigen Arbeitstag radelte ich wie gewohnt ins Fitnessstudio, um nach einem schnellen „Abendsnack" die zwei Fitnesskurse zu absolvieren. Schon seit längerer Zeit merkte ich diese körperliche Erschöpfung, aber es wäre für mich undenkbar gewesen, einfach nach Hause aufs Sofa zu gehen. Der heutige Abend klingelte schon mit der Alarmglocke, dass ich einen Fahrradsturz hatte. Zum Glück ist nichts passiert und dennoch war ich, aufgrund des permanenten Herzklopfens und der, schon

lange bestehenden, nervösen Unruhe in mir, unkonzentriert. Und nicht nur das, seit ca. 2 Wochen drängten sich wieder diese Gedanken in meinen Kopf. Der Wunsch nach Ruhe wurde immer stärker und Ideen wie ich mir am besten das Leben nehmen könnte wurden stärker. Der Versuch sie unbeachtet zu lassen, scheiterte.

Ich erlaubte mir, heute die zweite Trainingsstunde ausfallen zu lassen und zu meiner Mutter nach Hause zu gehen. Als ich die Wohnungstür aufsperrte und mich neben sie auf das Sofa setzte, konnte ich die Fassade nicht mehr aufrechterhalten. Ich musste ihr von den Suizidgedanken erzählen.

Schon einige Male hatte sie mir nahe gelegt in eine spezielle Klinik zu gehen. Doch auf dem Ohr war ich taub. In meinen Augen war ich gesund bzw. bekam selbstverständlich alles selber in den Griff. Bis zu diesem Abend war ich davon felsenfest überzeugt, doch das Luftschloss bröckelte. Zum ersten Mal, seit langem, gestand ich mir ein, dass ich Hilfe brauchte. Wie und von wem, lag weit jenseits meines Vorstellungsvermögens. Doch der innere erste Schritt war an diesem Abend getan. Und so brachte mich meine Mutter am nächsten Morgen zu unserer Hausärztin.

Dank Gott, meiner Mutter und meiner Hausärztin, die mir am 18. September 2018 halfen, in stationäre Behandlung zu gehen, bin ich wahrscheinlich heute noch am Leben.

Von da an begann der Weg des Gesundwerdens und ich schreibe bewusst „der Weg", weil sich eine Erkrankung namens Essstörung nicht so leicht unterkriegen lässt.

KAPITEL 4
DER NEUE WEG

Die ersten Schritte

Nun war ich erst einmal in Sicherheit, zwar nicht vor den Gedanken, aber vor dem lebensbedrohlichen Verhalten mir das Leben zu nehmen.

In der ersten Phase des klinischen Aufenthalts ging es zunächst ausschließlich darum, mir Ruhe zu ermöglichen. Aus den Augen der Essstörung heraus war die Akzeptanz krank zu sein natürlich nicht gegeben. Sie trieb mich weiter an und der Kampf zwischen:

„Du hast jetzt die Chance gesund zu werden, also gib Ruhe."

Und:

„Du musst dich bewegen, erbrechen und so wenig wie möglich essen, sonst wirst du alles verlieren was du dir die letzten Jahre so hart erarbeitet hast",

war teilweise unerträglich.

Doch der Lebenswille in mir war stärker. Nach und nach konnte ich wieder eine für mich in diesem Stadium annehmbare Struktur finden. Therapeuten, Ärzte, Pflegekräfte und Sozialdienstmitarbeiter unterstützten mich tatkräftig und so konnte ich nach 8 Wochen in eine weiterführende Klinik überwiesen werden. Diese Entscheidung traf ich nicht selbst, da ich zu diesem Zeitpunkt immer noch entscheidungsunfähig war, was „lebensnotwendige" Angelegenheiten betraf. Die einzigen klaren Standpunkte waren hauptsächlich noch aus dem Blickwinkel der Erkrankung betrachtet.

Stabilisation zum Weitergehen

Auf der zweiten Station wurde der Fokus auf die psychische Stabilisation gelegt.

Medikamente.

Nein niemals!!! Ich bin doch nicht verrückt.
Mein Kopf funktioniert einwandfrei.
Und außerdem, was werden die Leute reden? Wenn das rauskommt.
Das schaffe ich auch ohne.

Zugegebenermaßen habe ich anfangs überlegt, ob ich diesen Teil mit in den Text einbringe. Doch natürlich gehört er genauso dazu wie alle anderen und war ein wichtiger Abschnitt meines Weges.

Eine Säule im ganzheitlichen Gesundungsprozess nimmt in vielen Fällen die medikamentöse Einstellung ein. Ob dauerhaft, oder über einen gewissen Zeitabschnitt hinweg, soll sie helfen eine psychische Stabilisierung zu schaffen. Dies ist notwendig, um die eigentliche therapeutische Arbeit leisten zu können, welche letztendlich zum gewünschten Erfolg führen kann.

In meinem Fall handelte es sich um die Behandlung einer bipolaren Erkrankung. Zusammen mit der Anorexie verstärkten sie sich gegenseitig, denn durch die rasche Gewichtsabnahme waren vor allem die manischen Phasen sehr stark ausgeprägt. Ich konnte sprichwörtlich von früh morgens bis spät in die Nacht „Bäume ausreißen" und war zu körperlichen Höchstleistungen fähig. Die Erschöpfungssymptome habe ich, wie bereits erwähnt, mehrfach übergangen, sodass die darauffolgende Depression, oder das zu erwartende Burn Out, nicht verwunderlich war. Es war mir jahrelang nicht bewusst, dass diese beiden Extreme mir sehr viel Energie kosteten. Dank ärztlicher Hilfe, habe ich gelernt, was sie bedeuten, wie ich die Symptome erkennen und behandeln kann. Hier spielt das Salz „Lithium" eine entscheidende Rolle. Ist der Spiegel im Blut konstant, fühle auch ich mich geistig ausgeglichen. Das ist ein sehr entspannender Zustand, mit dem es mir viel besser möglich ist meinen Alltag zu gestalten. Neben der regelmäßigen Einnahme, sind auch kontinuierliche Blutkontrollen und Arztbesuche unabdingbar. Diese nehme ich gerne an, denn das ist es mir wert nicht permanent auf 180° Touren zu laufen und ein gesundes Leben zu leben.

Medikamente sind keine Wunderpillen, die von jetzt auf gleich den erkrankten Geist und die damit verbundenen schädlichen Verhaltensweisen in Luft auflösen. Das ist eine märchenhafte Vorstellung. Aber dennoch geben sie einen gewissen Halt, um die Erkrankung mit Hilfe therapeutischer Führung an der Wurzel zu erreichen.

Es dauerte insgesamt 5 Wochen, bis ich mich nach und nach mit Hilfe des Fachpersonals mit der Einnahme des Medikamentes anfreunden konnte. Nebenwirkungen standen in einer Vielzahl auf dem Beipackzettel. Doch bis heute haben sich all jene nicht bewahrheitet und ich profitiere von dem Ergebnis der regelmäßigen Einnahme.

Ein unterstützender Gedanke in dieser Phase war für mich dieser:

Vor einigen Jahren hatte ich einen Fahrradsturz und bin aufgrund eines folgenden Bänderrisses am Handgelenk operiert worden. Insgesamt 6 Monate dauerte die Heilung und nach einem Jahr war meine Hand wieder voll funktionsfähig. Natürlich vertraute ich auf die fachliche Kompetenz von Ärzten und Physiotherapeuten und befolgte deren Anweisungen:

Ruhe, Medikamente, und regelmäßige Übungen.

Natürlich ist es kaum vorstellbar eine psychische Erkrankung bzw. eine Essstörung mit einem Bänderriss zu vergleichen, doch in gewisser Weise sind die Behandlungsmethoden ähnlich:

Ruhe, Medikamente und regelmäßige Übungen.

Die ersten beiden Punkte waren, wenn ich es chronologisch betrachte, somit abgedeckt. Nach weiteren 8 Wochen stationären Aufenthalt war ich so gesehen bereit für den letzten Schritt. Die Behandlung der Essstörung.

Ein „Bereit sein", setzt vor allem die eigenständige Entscheidungsfähigkeit voraus einen neuen, anderen Weg zu beschreiten. In meinem Kopf war das altbekannte Muster des sogenannten „Hin und Her" in vollem Gange:

„Soll ich?" oder „Soll ich nicht?"
„Richtig?" oder „Falsch?"

Die Essstörung bekam Angst, denn jetzt war der Zeitpunkt gekommen, an dem sie um ihr

Überleben kämpfen musste. Die alte Freundin trieb mich körperlich und gedanklich auf Hochtouren an. Aber mittlerweile hörte ich auch wieder eine andere Stimme, die von Zeit zu Zeit immer deutlicher sprach. Und diese gab ihr ganz klares „JA" zur nächsten Etappe.

Und so stand ich mit gepacktem Koffer vor dem Stationszimmer der psychosomatischen Station, ohne zu wissen was mich dort erwartete.

*Dieses Bild entstand zu Beginn der statio-
nären Behandlung in der Psychosomatk
(Dezember 2018)*

Der Berg – Gipfelkreuz unklar?

<u>Erste Herausforderung:</u>
<u>Der Esstisch</u>

Auf der Station gab es klare Regeln. In meinem Fall hieß das am Esstisch mit anderen Betroffenen zu sitzen und unter Aufsicht die Portionen auf meinem Teller aufzuessen.

In mir schrie alles:

" NEIN!!!! Geh wieder. Alles wofür du die letzten Jahre so hart gearbeitet hast, alles was du dir erkämpft hast wird in kürzester Zeit zerstört sein, wenn du dich auf diesen Essensplan einlässt."

Die Essstörung zog alle Register. Sie versuchte es mit Beschimpfungen, beispielsweise wie „fett" ich schon nach einem Mittagessen geworden wäre, oder sie trieb mich heimlich nach dem Abendbrot ins Treppenhaus, wo ich x-mal die Stufen rauf und runter rennen musste. Glücklicherweise - im Nachhinein gesehen - wurde dieses Verhalten von einem netten Pfleger beobachtet und in seine Schranken gewiesen. Danke noch einmal dafür.

Doch trotz all dieser Gegenmaßnahmen hielt ich an meiner Entscheidung für den neuen Weg fest. Einzeltherapien, Gruppenstunden und alle weiteren Behandlungsangebote halfen mir Schritt für Schritt diesen zu festigen und immer weiter auszubauen.

Zweite Herausforderung:
Die Interaktionsgruppe

Einen wesentlichen Bestandteil im Gesundungsprozess nahmen bei mir die Interaktionsgruppen ein. Zu Beginn konnte ich das natürlich nicht annehmen.

„Warum soll ich überhaupt über die Essstörung sprechen?"

„Sag lieber nichts, sonst wird dir noch was weggenommen."

„Das was die anderen da erzählen betrifft mich doch nicht."

Verheimlichen. Verdrängen. Beschönigen. Altbekannte Muster.

Doch wie war das mit dem neuen Weg? Dieser beinhaltet doch auch hauptsächlich Vertrauen.
Warum nicht einfach mal ausprobieren?

Leichter gesagt als getan. Aber dieser Schritt hatte Erfolg. Endlich konnte ich für einen Moment Gefühle zulassen und auch vor anderen zeigen, ohne dass „etwas Schlimmes passierte". Im Gegenteil. Ich bekam Zuspruch und Mitgefühl. Diese Erfahrungen möchte ich nicht mehr missen.

Im Kleinen konnte ich es üben mich in den Interaktionsgruppen zu öffnen und nach einigen Wochen sogar in der ein oder anderen Situation Widerspruch wagen.

Dies nahm ich dann mit in die Wochenenden der Belastungserprobung, die natürlich, wie man so schön sagt, im „reallife", etwas anders aussahen.

Doch den Vorsatz ehrlich zu sprechen, vor allem mit den Personen, die mir am meisten am Herzen liegen, setze ich bis heute um. Dies ist einer der wichtigsten Schritte auf dem Weg zum Gesundwerden.

Gib der Essstörung keine Chance „ihr eigenes Ding" in deinem Kopf zu machen, sonst wird sie zum Selbstläufer und kontrolliert dich wieder. So schnell kannst du gar nicht schauen. Achte auf dich und auf deine Gedanken und wisse was du für dich tun kannst um gesund zu werden und zu bleiben.

Hilfreiche Gedankenstützen:
ESSEN und SPRECHEN
Essen hält Leib und SEELE zusammen.

Dritte Herausforderung:
Das Wiegen

Jede Woche zweimal und zusätzlich noch mindestens 700 Gramm zunehmen. So ist es vertraglich festgehalten und ich habe unterschrieben.

„MIST."

Entschuldigung für diesen Ausdruck, aber in mir hat es getobt. Auf der einen Seite wollte ich gesund werden, aber auf der anderen Seite standen diesem Wunsch panische Ängste, Selbsterniedrigung und gnadenlose Wut gegenüber.

Ich wollte nur noch weg.
Doch wohin?
Jetzt aufgeben?

Tief in mir drin wusste ich, dass ich nur noch weiter fallen würde, wenn ich jetzt vor der Erkrankung kapitulierte. Und noch tiefer wäre in meinem Fall fast nicht mehr möglich gewesen.

Was hat mir also geholfen?

Zu Beginn hatte ich einen großen inneren Antrieb in das sogenannte B-Programm „aufzusteigen", in dem ich ab einem bestimmten BMI jedes 2.Wochenende zu Hause verbringen konnte. In diesem Zeitraum extrem wichtig für mich, da ich einen schon sehr lange geplanten Weihnachtsauftritt mit vorherigen Proben unbedingt wahrnehmen wollte. Also, was war zu tun?

ESSEN.

Wenig Bewegung und mein Ziel nicht aus den Augen verlieren, auch wenn die Waage immer höhere Zahlen anzeigte.

Entgegen aller Beschimpfungen und Weglauftendenzen habe ich es geschafft.
Mein erstes Erfolgserlebnis des „neuen Weges".

Um nun weiterhin motiviert zu bleiben, brauchte ich neue Ziele für die Wochenenden. Auf meiner Liste standen vor allem meine Familie und meine Freunde. Also vereinbarte ich Treffen und arbeitete mich so auf der Waage Stück für Stück weiter nach oben, um diese auch wahrnehmen zu können. Und das spiegelte sich auch in jedem Wochenende wider, das ich zu Hause verbrachte. Zusehends bekam ich mehr Kraft und mehr und mehr zeigte sich die Person hinter der einst so mageren Fassade.
Ein Segen. Ich konnte die Kontakte wieder viel intensiver wahrnehmen, indem ich anfing ehrlich über mich, die Erkrankung und meine Bedürfnisse zu sprechen.
Bis heute kann ich das so beibehalten. Und das sind die bereicherndsten Erfahrungen

die ich machen durfte und immer wieder machen darf. Offen sprechen zu können ermöglichte es mir auch wieder meinem Gesprächspartner aufrichtig zuzuhören und Mitgefühl zu entwickeln. Die Beziehungen füllten sich nach und nach wieder mit Leben.

Und nun kann ich fragen: Was ist wichtiger? Irgendeine Zahl auf der Waage oder eine echte Freundschaft bzw. ein liebevolles und ehrliches Miteinander mit meiner Familie?

Ich gebe zu, das Wiegen ist bisher noch nicht zu meinen Lieblingsbeschäftigungen geworden, aber ich stelle mich immer noch einmal in der Woche auf die Waage. Zum einen, um der Essstörung keine Chance zu geben und zum anderen, um mich an meine Entscheidung zu erinnern.

Hilfreiche Gedankenstütze:
Die WAAGE zeigt nur eine Zahl und sagt nichts über den Menschen aus, der draufsteht.

Vierte Herausforderung:
Der Spiegel

Eine sehr effiziente therapeutische Maßnahme ist die Körperbildexposition, bei der ich in Unterwäsche bekleidet die einzelnen Regionen meines Körpers dem Therapeuten beschreiben muss. Dieser sitzt hinter dem Spiegel und nimmt die Rolle eines Malers ein, dem ich die Konturen und Formen darstelle. Sinn und Zweck dieser Übung ist es, den Körper irgendwann urteilslos wahrnehmen zu können, das heißt frei von Essstörungsgedanken.

Anstrengung hoch zehn. Nach eineinhalb Stunden, in denen ich zuerst versuchte alle Gedanken, die mich als fett, unsportlich, unmenschlich, etc. betitelten, wehement aus meinem Geist zu verbannen, verharrte der Blick an meinem Bauch und den Hüften. Die Folge war eine Emotionswelle, die mir Tränen in die Augen trieb. Mein Therapeut ermutigte mich die Gedanken auszusprechen, die in meinem Kopf wie Bienenschwärme endlose Schleifen drehten.

„Sieh dich nur an, wie fett du geworden bist." „Hässlich, unmenschlich! Streng dich an, du musst abnehmen!"

Ich war einfach nur traurig und wütend. Wie konnte ich mich nur jahrelang so beschimpfen lassen? So viele Jahre, die ich diesen Gedanken hörig war und auf sie reagiert habe.

Tränen flossen mir über die Wangen und ich konnte mir nicht vorstellen, dass diese Traurigkeit je wieder aufhörte, geschweige denn, dass die Stimme der Essstörung irgendwann leise werden würde.

Doch auch das ging vorüber und am Ende der Exposition gelang es mir meinen Körper einmal von oben bis unten zu betrachten und mich von den krankhaften Gedanken zu distanzieren.

Übung macht den Meister. Dieser Satz gilt auch hier. Meine Hausaufgabe bestand nun darin mich jeden Tag einmal selbstständig vor den Spiegel zu stellen und entgegen aller Ängste und Vermeidungsstrategien zog ich dies auch durch.

Ja, ich habe einen Bauch.

Ja, ich habe Hüften.

Ja, ich habe Fettgewebe, Muskeln und Knochen.

Ja, ich habe einen Körper mit allem was dazu gehört und dieser hat eine Form, die

nur ich allein habe.
Und das ist ein wunderbares Geschenk.

Fünfte Herausforderung:
Die Körperpflege

Als kleines Mädchen war für mich eines der schönsten Dinge die Badewanne. Ich tauchte, im wahrsten Sinne des Wortes in meine eigene Welt ab und spielte im Wasser bis mich meine Mama aus dem Wasser holte und mich abtrocknete. Ein herrliches Gefühl.

Das ist lange her und mittlerweile belief sich das Waschen und Duschen auf Minimalzeit. Mit den Gedanken irgendwo anders, damit ich dem Ekel, der mich beim Berühren meines Körpers überfiel, nicht zu sehr ausgesetzt war. Das Weglaufen diente hier wahrscheinlich eher meinem Selbstschutz. Dass dies allerdings ein Mechanismus der Erkrankung ist, lernte ich auch erst in der Klinik.

Nun lautete der Auftrag, mir länger für die Körperpflege Zeit zu nehmen und auch achtsam mit den aufkommenden Gefühlen umgehen. Natürlich, wie alle anderen Herausforderungen, war dies zunächst keine leichte Übung. Wie ein Magnet hielt mich die Essstörung von dieser Zeit fern. Entweder mit „sehr sehr wichtigen Erledigungen", die unbedingt jetzt gemacht werden müssen, oder sie versuchte es mit der altbekannten Methode der Angst.

Gegenmaßnahme: Einfach machen!

Auch wenn es sich anfühlt, als würde ich gegen eine Orkanwand anlaufen. Dahinter liegt nämlich nichts von all den schlimmen Phantasien.

Genau dieses Erleben ist es, welches ich immer wieder stärke und mittlerweile empfinde ich meistens wieder angenehme Gefühle.

Sechste Herausforderung:
Der Alltag

„Herzlichen Glückwunsch, Sie haben Ihr Zielgewicht erreicht", hieß es nach vier Monaten stationärem Aufenthalt. Nach einer zweiwöchigen, sogenannten Haltephase, durfte ich den Esstisch verlassen.

Kaum zu glauben.

Mit sehr gemischten Gefühlen, die zum einen Freude über das Erreichte ausdrückten, aber zum anderen auch Angst vor dem Neuen wiederspiegelten, konnte ich mich nun Schritt für Schritt auf den kommenden Alltag vorbereiten.

Leichter gesagt als getan. Eine Struktur löste sich von einem auf den anderen Tag auf, die mir die Unterstützung gegeben hatte, die Essstörung zu besiegen. Nun stand ich, wie es so schön heißt, auf eigenen Beinen und das nutzte die alte Freundin Anorexie natürlich sofort zu ihren Gunsten aus. Bereits abgelegte Verhaltensweisen und Denkmuster drängten sich verstärkt in den Vordergrund, doch ich blieb stark und folgte der Stimme, die ich seit Beginn des Genesungsprozesses wieder in mir spürte. Zum Glück mit Erfolg.

Ich bin gesund entlassen worden und bin es bis heute.

Zu Hause verfolge ich weiterhin konsequent den Essensplan, den ich gelernt habe. Wiegen und eine Körperbildexposition stehen einmal wöchentlich auf dem Programm, sowie auch eine weiterführende ambulante Therapie. Dies ist wichtig, damit die Essstörung fernbleibt und ich ein gesundes Bild von mir und meinem Körper behalte.

Und natürlich die Treffen mit meinen Freunden und das Zusammensein mit meiner Familie gehören genauso zu meinem Alltag, wie Hobbies – alte und auch neue -, denen ich nun endlich wieder mit Freude nachgehen kann.

Abschied

Diesen Brief schrieb ich gegen Ende meines Klinikaufenthalts:

Liebe Essstörung,

ich schreibe dir diesen Brief, um mich von dir zu verabschieden. Du warst achtzehn Jahre eine treue Begleiterin. Es gab Zeiten, in denen du mir eine große Hilfe warst, gerade wenn es darum ging, mich abzugrenzen vor „gefährlichen" Gefühlen. Angst ist eines davon, aber auch Wut, Trauer, Scham und Schuld konnten mit deiner Unterstützung gut in Schach gehalten werden. „Ich schütze dich vor dem Schmerz. Ich bin deine Freundin.", hast du gesagt und dafür möchte ich mich bei dir bedanken.

In anderen Zeiten allerdings haben mir deine Ratschläge und Befehle das Leben sehr schwer gemacht. Sie zwangen mich dazu immer weiter abzunehmen, meinen Körper mit exzessivem Sport auszupowern und meine Gefühle in mich „reinzufressen" und wieder „auszukotzen". Mein Körper und mein Geist sind krank geworden, sodass ich daran beinahe gestorben wäre. Soweit soll es nie wiederkommen und das bedeutet, dass ich mich von dir für immer loslöse.

Ich bin jetzt an einem Punkt angekommen, an dem alle Gefühle da sein dürfen. Ich bin ganz und zufrieden mit mir selbst. Es ist wunderbar Freude, Liebe, Trauer, Wut und alle anderen Gefühle wieder empfinden zu könne. Ich spüre das Leben. Ich spüre mich und dafür bin ich unendlich dankbar.

KAPITEL 5

LEBENDLICH

18 Jahre

Achtzehn Jahre des Hungerns, Erbrechens, der Essanfälle und des exzessiven Sports, vereint mit selbsterniedrigenden, selbsthassenden und von Angst getriebenen Gedanken liegen hinter mir. Ich war ein Roboter, der den Gesetzen einer tödlichen Erkrankung folgte.

Heute bin ich 31 Jahre alt.

Hier steht ein Körper, der gesund ist.

Aber vor allem steht hier ein Mensch, der wieder lebt, fühlt und dafür sehr dankbar ist.

Sie klopft an und das manchmal mehrmals täglich, aber ich kann mich entscheiden, ob ich der alten Freundin Einlass gewähre oder nicht. Ich weiß zu einhundert Prozent, dass ich sie erkennen werde. Mittlerweile – und das ist für mich die Beste Methode, darf sie auch da sein. Ja, ich lebe sogar mit ihr, aber sie hat keinerlei Macht mehr über mich. Mit dieser Einstellung wird die Stimme immer leiser bis sie irgendwann verstummt. Eine Tatsache ist nun mal, dass ein Mensch essen muss, um zu (über-) leben. Folglich kann ich den Suchtfaktor nicht einfach weglassen um

„clean" zu werden. Integrieren und einen gesunden Umgang damit finden, ist die Lösung, welche für mich als Einzige funktioniert, damit ich ein „normales" Leben führen kann.

Essen

Normalität. Dieser Begriff klingt für mich nur schön. In vielen Lebensbereichen hält sie Einzug. Entspannung ist das Geschenk, welches sie mit sich bringt. Das Essen ist wieder einfach und es macht mir Freude zu kochen. Morgens, mittags, abends und zwei Zwischenmahlzeiten. Ich weiß was ich essen kann und das ich essen darf. Dank einer Ernährungsberatung in der psychosomatischen Klinik ist das Portionieren und Auswählen der Lebensmittel ohne Einschränkung kein Problem mehr. Es macht sogar Spaß mich an den Wochenplan, den ich mir nach wie vor schreibe, zu halten.

Im Restaurant ist die Auswahl eines Gerichts nicht mit einer innerlichen Panikattacke verbunden ausgelöst durch die Entscheidungsschwierigkeiten und damit verbundenen Horrorszenarien im Kopf. „Was wird sein, wenn ich das esse?" Jetzt sehe ich mir die Speisen an, wähle aus und lege die Karte weg. Schließlich möchte ich einen schönen Abend mit meinen Begleitern verbringen und nicht unter Überanspannung die nette Gesellschaft verpassen.

Gleiches gilt auch, wenn ich privat zum Essen eingeladen bin. Endlich kann ich mit Freude und Genuss dabei sein. Der Kampf vorher, ob ich die Einladung überhaupt annehmen soll ist vorbei. Eine echte Erleichterung. Die Geburtstagsfeiern, die Wochenenden bei meiner Mutter und die Treffen mit Freunden haben eine ganz andere Qualität. Still am Tisch sitzen bleiben und nicht das Essen „wegbewegen".

Zuhören statt auf die Toilette zu rennen. Zeit, miteinander zu reden und zu lachen ohne heimlich das Kuchenbuffet in mich hineinzustopfen. Einfach richtig und aus vollem Herzen dabei sein. Körperliche und geistig. Der Fokus liegt nicht mehr auf dem Essen und meinem Körper, sondern auf den viel wertvolleren und lebendigen Menschen.

Einkaufen

Wie gehe ich heute Einkaufen?

Den Essensplan für 1 Woche schreiben.
Entsprechende Zutaten auf einer Liste notieren.
Diese im Supermarkt in den Wagen legen.
Kein Zögern.

Nur das Mitnehmen was draufsteht.
Zur Kasse gehen.
Bezahlen.
Fertig.

Klingt einfach und so soll es auch sein, denn nur mit dieser Methode kann ich die Essstörung fernhalten. Je komplexer und kopflastiger der Einkauf wird, desto besser findet sie wieder Einlass. Und genau das liegt weit jenseits meines Willens.

Sport

Natürlich kann und will ich den Sport nicht aus meinem Leben streichen. Das wäre auch eher schädlich als gesundheitsfördernd. Aber wie finde ich das Maß, das für mich passt? Die Gefahr besteht, genau wie beim Essen, das sich das Pensum wieder steigert und sich die Gedanken stark auf die Bewegung fokussieren.

Auch hier habe ich einen Plan. Zwar ist die Essstörung dafür prädistiniert, Kontrolle mittels Plänen und Listen für alles Mögliche, auszuüben, aber in diesem Fall ist es für mich hilfreich. Nach ein paar Testphasen, habe ich mein Wochenprogramm und meine Sportarten gefunden, die mir guttun und gefallen. Physisch und psychisch bleib ich ausgeglichen und die regelmäßigen Ruhephasen kann ich mir auch geben. Und das Beste: Es macht Spaß. Keine innere Stimme, die mich zu perfekten Höchstleistungen antreibt. Keine permanenten Bewegungsanfälle.

Der Sport gehört zu meiner Freizeit, nicht mehr zu meinem Wesen. Ich bin wieder ein Mensch, der sich gerne bewegt und keine Maschine, die ständig auf Hochtouren läuft. Und vor allem habe ich die Kraft dazu ohne dauerhaft in Gefahr zu sein plötzlich umzu-fallen.

Shopping

Wie gehe ich heute „Shoppen"?

Nun, ich gebe ehrlich zu, die Gedanken sind immer noch da.

Aber auch die Freude ist wieder dabei und ein gesundes Maß an Selbstachtung. Passt mir eine Kleidergröße nicht mehr, kann die Ess-störung ruhig ihre Meinung dazu abgeben, aber ich weiß, dass ich mehr bin als eine Größe XS. Und es gefällt mir mittlerweile so-gar immer mehr mir Kleidungsstücke aus der Frauenabteilung anzuziehen. Auch fällt mir heute wieder die nette Verkäuferin auf, die mir einen schönen Tag wünscht. Und anstatt in Selbstmitleid zu versinken, weil der Knopf der Jeans nicht zuging, besuche ich lieber eine gute Freundin im Nachbargeschäft für ein schönes Gespräch.

Ich kann mich selbst wieder Lieben und nicht, weil ich ein Kleiderpuppe bin, sondern ein Mensch mit allem was dazu gehört.

P.S.: Diese Zeilen schreibe ich gerade, während ich einem Schokokuchen im Ofen beim Backen zusehe. ☺

Vorbilder = Menschen

Der Weg den die Essstörung beschreibt, ein perfektes Innenleben resultiert au einem idealen äußeren Erscheinungsbild, ist in Wahrheit genau umgekehrt. Er beginnt im Innern und geht erst dann im Außen weiter. Menschen sind so viel mehr als die Hülle, die mir die Essstörung versucht als wahr zu verkaufen. Sie hat mich gelehrt genau zu beobachten. Dafür bin ich ihr sogar dankbar, denn diese Gabe kann ich jetzt in wohlwollender Weise nutzen.

Was steckt hinter den „dicken Beinen oder dem runden Gesicht"?

Welche Eigenschaften hat die „sportliche Figur und der flache Bauch"?

Ich sehe hin und erkenne Lachen, Freude, Gefühle, Geschichten. Gestik und Mimik erzählen vom Leben. Und der äußere Schein verliert seine Bedeutung.

Und nun frage ich mich: Wie sehe ich mich selbst? Was betrachte ich an und beobachte ich in mir? Je mehr ich mich selbst kennenlerne, desto besser verstehe ich meine Mitmenschen und das sind unbezahlbare Erfahrungen.

Beruf

Mein Beruf macht mir wieder Spaß.

Dieser Satz allein würde zu dem Thema eigentlich schon ausreichen. Es ist ein Segen täglich in die Arbeit gehen zu können ohne Angst und ohne den inneren Antreiber. Es wird weiterhin vorkommen, dass ich Fehler mache, aber das ist nicht mehr so schlimm, zumal ich aus diesen lernen kann. Es ist ein wunderbares Gefühl einen offenen und entspannten Umgang haben zu können. Auch das Patienten-Therapeuten-Verhältnis kann ich mit angemessener Professionalität und auch wieder mit Empathie bekleiden. So muss ich den Arbeitstag nicht mehr stupide abarbeiten und im Dienst der Essstörung durch die Behandlungen jagen.

Ich bin mit meinem Herzen dabei. Gespräche, Zuhören, Stillsitzen. Ruhe und Bewegung in einem ausgeglichenen Maß. Das alles ist Teil meines Arbeitsalltags und so wie ich selbst, füllt sich mein tägliches Tun mit Leben.

Soziales Netzwerk

Ich muss mich nicht mehr verstecken. Das ist das erleichterndste Gefühl überhaupt.

Keine Anspannung mehr. Keine Ausreden und heimliche Toilettenbesuche. Ich bin wieder dabei. Die mir vertrauten Bemerkungen der Familienmitglieder und Freunde, ich sei zu dünn oder die sorgenvollen Blicke und Fragen bezüglich meines Essverhaltens haben sich verändert. Ich werde heute beglückwünscht zu meinem gesunden Aussehen. Was ich früher als Angriff auf meinen „übergewichtigen" Körper gesehen hätte, nehme ich jetzt dankbar an. Mir begegnen die Menschen ehrlich, weil ich selbst ehrlich zu mir selbst und meinem Umfeld bin. Werde ich auf die Essstörung angesprochen – viele Personen wissen davon – kann ich antworten, ohne um den heißen Brei herumzureden und entsprechend sagen, wie es mir geht. Und da sind keine Schuld- und keine Schamgefühle mehr.

Gott

Ja, ich glaube an Gott.

Schon immer.

Ja, ich glaube an Jesus Christus.

Schon immer.

Doch wirklich greifbar war dieser Glaube für mich nicht. Gerade während den Jahren der Erkrankung, hätten mir noch so viele Menschen von der Liebe Gottes erzählen können. Zulassen, geschweige denn erfahren wollte ich sie nicht. Die Essstörung redete mir ständig ein, dass ich nichts wert sei. Nur wenn ich allein ihren Anweisungen folgte, könnte ich meinen Selbstwert steigern. Doch dass dies ein utopisch unerreichbares Ziel war, davon sagte sie mir nichts.

In der Bibel sagt Jesus: „Steh auf und geh. Dein Glaube hat dir geholfen"

Und das hat er bei mir auch.

Nicht nur einmal habe ich in meinem Leben große Bewahrung erfahren.

Er ging mit mir durch diese Angst, alles zu verlieren, wenn ich wieder esse.

Er war bei mir, als ich mich von der Essstörung Stück für Stück verabschiedete.

Da war kein tiefes Loch. Ich bin nicht gefallen. Ich habe mich nicht verloren.

Im Gegenteil ich habe IHN gefunden und somit auch mich selbst. In anderen Menschen begegnet er mir und in der Stille spüre ich seine Nähe. Ich darf vertrauen und die scheinbar überlebenswichtige Kontrolle abgeben.

Wenn mich jemand fragen würde, wie sich Vertrauen anfühlt oder woher ich das so sicher weiß, kann ich nur antworten:

Ich bin nicht mehr alleine. Ich bin erfüllt und fühle mich geliebt. Die äußere Härte und die innere Leere sind dieser wohligen Gewissheit gewichen, dass ich Gottes Kind bin. Und was will ich mehr?

Ich danke Gott dafür, dass er diese Höllenfahrt beendet hat und ich den wahren Weg erkennen darf. Und dieser beginnt in meinem Innern. Hier ist meine Quelle, aus der ich lebe und die mir die Kraft schenkt, den illusorischen, unwahren Behauptungen mit der Wahrheit über mich zu begegnen.

Fragen und Antworten?

Ich stehe nun an einem Punkt, an dem ich mit aller Ehrlichkeit und aus vollem Herzen sagen kann:

Endlich lebe ich. Ich bin lebendig.

Befreit aus dem Gefängnis der Essstörung. Es macht Freude voll und ganz da zu sein. Familie und Freunde, Beruf und Freizeit. Alles ist im Einklang in mir. Schwierige Zeiten sind nicht ausgeschlossen, aber ich bin diesen gewachsen und stehe mit beiden Beinen im Leben.

In viele Situationen kann ich mich nach wie vor fragen – und vielleicht auch der/die ein oder andere, der/die dieses Buch liest:

Wofür lebe ich?
Welche Stimme treibt mich an?

Einige solcher Situationen habe ich noch einmal aufgegriffen:

1. Wo sind meine Gedanken, wenn ich nach dem Essen mit einer Freundin *(oder einer beliebigen Person)* noch mit ihr sitzen bleibe?

Bei ihr oder den Kalorien, die ich gerade gegessen habe?

Hören ich ihr aufmerksam zu oder bin ich mit Schuldgefühlen wegen des vielen Essens beschäftigt?

Kann ich etwas zu der Unterhaltung beitragen oder versuche ich durch permanente „heimliche" Bewegung das Gegessene wegzutrainieren?

Genieße ich das Zusammensein oder verabschiede ich mich so schnell wie möglich auf die Toilette?

2. Ich habe ein tägliches Sportprogramm, das ich konsequent absolvieren muss. Jetzt fragt meine Oma *(oder ein anderes beliebiges Familienmitglied),* ob ich sie regelmäßiger besuchen komme. Was tue ich?

Suche ich ständig nach ausreden?

Natürlich gehe ich hin, aber wie oft?

Bin ich wirklich bei ihr oder ärgere ich mich während der ganzen Besuchszeit darüber nicht beim Training zu sein?

3. Ein Urlaub mit der Familie ist geplant. Das heißt auch Kompromisse hinsichtlich gemeinsamer Freizeitgestaltung und Essensgewohnheiten eingehen. Was tue ich?

Absagen geht nicht, denn auf der einen Seite wäre das schlechte Gewissen viel zu groß und auf der anderen Seite freue ich mich schon irgendwie auf das Zusammensein.

Setze ich mich der permanenten Dauerbelastung der Heimlichkeiten und des Lügens aus?

Seile ich mich so oft wie möglich von der Gruppe ab, um mein eigenes Sportprogramm durchzuziehen?

Wie häufig werde ich an gemeinsamen Mahlzeiten teilnehmen?

Welche Aktivitäten kann ich überhaupt mit den Anderen machen, bei denen ich auch wirklich körperlich und geistig anwesend bin?

Wofür lebe ich?
Was treibt mich an?

Die Stimme, die immer perfekter, immer besser und schneller werden möchte?

Oder die innere Freude, einfach da zu sein, ohne etwas leisten zu müssen? Die Zufriedenheit mit mir selbst, in der ich auch „Fehler" machen darf?

Diese Fragen, die auf viele Lebensbereiche angewendet werden können, zeigen mir wie ich achtsam mit mir und meiner Umwelt umgehe Achtsamkeit ist eines der Schlüsselthemen, um die es hier geht, denn nur so kann ich die Essstörung und ihre krankmachenden Gedankengänge erkennen. Wenn ich das wirklich möchte, kann ich sie aufgeben und durch eine gesunde Lebenseinstellung ersetzen. Nicht von heute auf morgen. Das braucht Zeit, schließlich war sie auch eine ganze Weile sehr präsent. Aber es wird einfacher und die anfängliche erhöhte Aufmerksamkeit flaut mit etwas Geduld ab. Die neuen Gedankenmuster festigen sich und die gesunden Verhaltensweisen gewinnen an Stabilität. Das Alte verschwindet mehr und mehr. Und wenn durch äußere/innere Umstände die vergangene Stimme doch wieder Einlass findet, ist der neue Weg schon so gut ausgebaut, dass ich ihn schnell wieder beschreiten kann.

Glücklich.
(Oktober 2019)

NACHWORT

Essstörung ist nicht gleich Essstörung. Sie hat viele verschiedene Ausprägungen und ganz individuelle Verläufe. Die Frage: „Wo fängt sie an und wo hört sie auf?", ist durchaus berechtigt. Vor allem in der heutigen Zeit, kann dies zu Verwirrung führen, weil die Grenzen von „gesundem" zu „krankhaftem" Verhalten oft unklar sind. Es geht dann, wie bei so vielem, um das persönliche Empfinden und die Abgrenzung zum Schädlichen.

Ich wünsche jedem Einzelnen, dass er/sie auch den Schritt für einen gesunden Weg wagt und das Ziel erreicht. Es wird bestimmt Herausforderungen geben, aber das soll niemanden von der Entscheidung abhalten. Vertrauen und Mut gehören dazu, und ich weiß aus eigener Erfahrung, dass es zu schaffen ist.

Auch den Angehörigen möchte ich ebendiesen Mut und das Vertrauen zusprechen. Es gibt mittlerweile hervorragende Therapiemöglichkeiten. Irgendwann, auch wenn er noch so klein ist, finden Sie einen Zugang zu den Betroffenen, um ihnen den Weg des Gesundwerdens anzubieten. Sie sind stark.

Vielen Dank für Ihr Interesse.

DANKSAGUNG

Gott hat mich durch diese Zeit getragen.
In vielen Situationen und Menschen ist er mir begegnet und war mir nahe.

Er schenkte mir seine Liebe und dafür sage ich von Herzen Dank.

Vor allem danke ich meiner Mutter, die immer bei mir geblieben ist.

Die Erfahrung einer solchen Liebe wünsche ich einem jeden von uns.

Ein weiterer Dank geht an meine Hausärztin, die mir im Akutfall zur stationären Aufnahme geraten hat. Ohne diesen Schritt wäre der Genesungsprozess nicht in Gang gekommen.

Ein herzliches Dankeschön ist dem Pflege- und Therapeutenteam der psychosomatischen Station gewidmet. Ihr leistet wunderbare und bemerkenswerte Arbeit mit viel Liebe und Mitgefühl für jeden Einzelnen.

Auch bei den Pflegekräften und Ärzten der vorherigen Kliniken möchte ich mich bedanken. Hier konnte ich mich stabilisieren und auf die eigentliche Therapie vorbereiten.

Liebe Familie, liebe Freunde, vielen Dank, dass ihr in dieser Zeit an meiner Seite wart und es bis heute seid. Es ist so wertvoll, solche Menschen wie euch zu kennen und lieben zu dürfen.